AF238627

HANSJ ROHRBACH

Wortmeer und Gedankenfluss

novum ✎ pro

Dieses Buch ist auch als
e-book
erhältlich.

Bibliografische Information
der Deutschen Nationalbibliothek:

Die Deutsche Nationalbibliothek
verzeichnet diese Publikation in
der Deutschen Nationalbibliografie.
Detaillierte bibliografische Daten
sind im Internet über
http://www.d-nb.de abrufbar.

Alle Rechte der Verbreitung,
auch durch Film, Funk und Fernsehen,
fotomechanische Wiedergabe,
Tonträger, elektronische Datenträger
und auszugsweisen Nachdruck,
sind vorbehalten.

Gedruckt in der Europäischen Union
auf umweltfreundlichem, chlor- und
säurefrei gebleichtem Papier.

© 2024 novum Verlag

ISBN 978-3-99146-842-4
Lektorat: Mag. Vanessa Meder
Umschlagfoto:
Marek Uliasz | Dreamstime.com
Umschlaggestaltung, Layout & Satz:
novum Verlag

www.novumverlag.com

Druckprodukt mit finanziellem
Klimabeitrag
ClimatePartner.com/16547-2311-1001

Wanderung

Gewandert bin ich durch Eis
Und durch die Wüste, die so heiss
Von der Sonne beschienen wird.
Und ich wurde immer behütet vom guten Hirt.
Einsam war's zu wandeln durch sternenklare Nacht,
Schaurig kalt war's, wenn das Eise kracht.
Gerne wäre ich am stillen Ort geblieben,
Doch es hat mich immer wieder fortgetrieben
Durch Steppen, in denen so wild
Alles umhergebraust vom Wind.
Ein schönes Häuschen am Wege stand;
Die Sonne sich gerade im Untergehen befand.
Ein wunderbarer Ort und sonnig.
Oh Sehnsucht, wie's ums Herz mir wurde wohlig.
Ein Plätzchen zum Verlieben;
Am liebsten wär' ich dortgeblieben.
Doch es trieb mich immer weiter, weiter fort
Vom traumhaft süssen Ort.
Was mein Sinn noch weiss:
Brennende Wüste und krachendes Eis.

Kerzenlicht

Was nützt des Lebens gute Hoffnung,
Die einer brennenden Kerze eben ist?
Denn leise Luft aus jener Richtung,
Kaum spürbar für uns Menschheit.
Nur das Gefühl erfasst den Wind;
Die Flamme zittert hin und her,
So offen sie keine Schützung find't.
Gelöscht die Helle, der Raum ist leer.
Das Gefühl, es löst sich auf,
Die Hoffnung verliert die Kraft.
Der leis'ste Wind bläst sie aus,
Keine Flamme, keine Hoffnung solches schafft.

Herbst

Die grauen Wolken ziehen träge
Über die schneebedeckten Berge.
Die Erde wirkt matt und schwer,
Der Himmel so dumpf und leer.
Schaudern bläst der Wind.
Ich frag mich. Bin ich blind?
Dass ich kein Vöglein fliegen sehe
Und ganz verlassen die Strassen entlanggehe?
Erwärmen möcht ich mich an einem lodernden Herde,
Anstelle, dass ich hier vom Regen durchtrieft werde
Und nicht brauchte zu wandern
Von einer Sehnsucht zur andern.
Rauschend sich die Bäume im Winde biegen
Und die Blätter wirbelnd herumfliegen.
Alles sieht nach Trauer aus,
Die Promenade wird zum Graus,
Denn die Farbe wird mir zur Qual.
Aber ich habe keine andere Wahl,
Als das Leid so hinzunehmen,
Obschon es mich nach Sonne würde sehnen.

Rettung

Mein Freund sei der,
Der mir das Leben rettet.
Verflucht sei der,
Der mich hineinbrachte.
Wir sind glücklich,
Wenn der Geist uns nachtet.
Ach wie schrecklich
Das Schicksal waltet.
Allein keine Kraft dazu,
Immer weiter, immer fort
Geht das Leben doch hinzu,
Bis es angelangt ist, dort,
Wo alle hingehen zum Schluss.
Und keiner setzte zurück den Fuss.
Rette mich, hole mich heraus,
Sonst, mein Freund, ist alles aus.

Weihnachten

Hell die Kerzen am Weihnachtsbaume brennen;
Nichts als die Briefe der Frauen sie sehen.
Dumpf der Geschützdonner um uns dröhnt,
Und der Verwundete nach seinen Kindern stöhnt.
Nun strecken sie alle Armgelenke,
Denn verteilt werden die Geschenke.
Flackernd die Kerzen den Bunker erhellen.
Der Priester kommt und wird sich vor uns stellen.
Wir hören die Flugzeuge, die uns überfliegen;
Draussen die Kameraden nun flach am Boden liegen.
Keines der harten Augenpaare bleibt trocken,
Als wir im Lied unseren Geschenken frohlocken.
Alle ihre Briefe an die Lippen führen
Und sich vor Andacht nicht mehr rühren.
Doch ich, ich hocke in einer dunklen Ecke,
Ohne Brief, ohne Geschenke.
Meine Frau und meine Söhne werde ich nie mehr haben.
Sie sind unter einem Haus im Luftschutzkeller begraben.

Sein

Mao ist Scheisse;
Marx ist Scheisse;
Kapitalismus ist Scheisse;
Kommunismus ist Scheisse;
Jesus ist Scheisse;
Gott ist Scheisse;
Ich auch.

Das Glück ist ein Traum;
Die Liebe ist ein Traum;
Die Angst ist ein Traum;
Das Gefühl ist ein Traum;
Du bist ein Traum;
Ich auch.

Das Leben ist blöd;
Das Sterben ist blöd;
Die Menschen sind blöd;
Die Meinung ist blöd;
Die Tatsache ist blöd;
Ich auch.

Traum

Leise schleicht die Nacht heran,
Zufrieden hab ich meine Arbeit abgetan,
Und als ich das Licht löschen will,
Da kommt's mir vor, es sei zu still.
Ich spüre, dass mir etwas fehlt,
Wonach sich meine Seele sehnt.
Als spürte ich sanften Atem neben mir,
So, als wäre jemand nah bei mir.

Meine müden Augen schliessen sich
Und der Schlaf übermächtigt mich.
Ich träume von Liebe, Sehnsucht und Einsamkeit.
Schweigend der helle Mond die Dunkelheit vertreibt.
Haben nicht weiche Lippen meine Wangen eben berührt,
Als hätten sie mich in ein anderes Reich verführt?
Als spürte ich sanften Atem neben mir,
So, als wäre jemand nah bei mir.

Leichte Wolken ziehen über das Firmament,
Und die Nacht, die nimmt kein End'.
Frischer Wind rauscht in den Bäumen;
Es scheint, als wolle er die Dämmerung nicht versäumen.
Ein Gefühl, als ob jemand meinen Körper zu sich hält,
Und nun weiss ich auch, was mir fehlt.

Du

Du bist alles, was ich brauche,
Du bist alles, was ich will.
Wenn ich dich nicht mehr habe,
Wird's in mir still.

Du bist alles, was ich liebe,
Du bist alles, was ich will.
Wenn ich dich nicht mehr sehe,
Wird's in mir still.

Du bist alles, was ich habe,
Du bist alles, was ich will.
Wenn ich dich vergesse,
Wird's in mir still.

Du bist alles, was ich wünsche,
Du bist alles, was ich will.
Wenn ich dich nicht mehr spüre,
Wird's in mir still.

Du bist alles, was ich halte,
Du bist alles, was ich will.
Wenn du nicht mehr wärst,
Wär' ich still!

Glück

Fallend,
Sonst verschwindet
Die Zeit,
Und ich nütze aus dir,
Was ich tat.
Das will ich nicht,
Denn ich will:
Seele,
Geist,
Liebe,
Dich,
Denn du bist das Glück
Für mich.

Neu

Mich überflutet grosse Freude,
Obschon es mich reute,
Dich zu fällen,
Liess ich die Gedanken wallen.
Aber glücklich bin ich doch,
Denn ich liebe doch.
Sie ist ein Mädchen fein
Und will immer bei mir sein.
Sie kann mich verstehen,
Will auf mich sehen.
Sie ist das Brot
Für einen Hungernden in der Not.
Dass ich mich nicht mehr besaufe
Und den falschen Weg laufe,
Dafür will sie einstehen
Und an meiner Seite gehen.

Rosen

Rosen sind die schönsten Blumen der Welt,
Doch es gibt nur eine Rose, die mir gefällt.
Diese Rose ist sehr zart und fein,
Auch ein Dorn umgibt sie kein',
Denn sie braucht sich nicht zu wehren;
Ich werde sie mein Leben lang verehren.
Und da dies schönste Ding auf Erden,
Das ich am liebsten tue pflegen,
Von keiner einzigen Dorne ist umschlossen,
Darf ich es ausnahmslos streicheln und liebkosen,
Ohne dass ich gleich von ihm verletzt werde.
Und so lang ich leb' auf dieser Erde,
Möcht ich mein die Rose nennen.

Medizin

Mein geliebtestes Wesen,
So hübsch und so lieb,
Deine Medizin lässt mich genesen.
Mich jagt nicht der Trieb
Zu deinem Körper hin,
Sondern die Rettung aus dem Leben
In dem ich manchmal bin;
Denn oft geht mein Sinn daneben,
Dann seh' ich schwarz vor meinen Augen.
Ich muss flüchten zu dir,
Damit deine Liebe kann lauben
Die Melancholie in mir.
Und wenn mein Herze weint,
Weil ich was Böses gesagt;
Ich hab's ehrlich nicht so gemeint.
Mein Mund dich dann fragt,
Ob du mich auch liebst,
So wird alles leichter in mir,
Wenn du mir zur Antwort gibst:
„Ja, ich bin immer bei dir."

Unrecht

Du tust mir unrecht, das tut weh!
Nicht mir, den anderen glaubst du mehr.
Ich will das Beste nur für dich,
Doch dein Misstrauen enttäuschet mich.
Deine Worte bereiten mir grossen' Schmerz,
Und tief verwunden sie mein Herz.
Meine Seele blutet immer mehr;
Meine Sinne schwanken wie auf wildem Meer.
Ich lüge nicht, glaub es mir,
Mit der Wahrheit kam ich zu dir.
Doch du, du glaubst mir nicht mein Wort,
Und tief betrübt musste ich wieder fort.
Die Welt war fahl wie im Dunst,
Das Blut, es jagte wie die Brunst.
Ich irrte leidend in dem Geist umher
Und verstand die Welt und dich nicht mehr.
Was ich dir sagte, das ist wahr,
Aber du denkst, die Wahrheit bei den Neidern war.
Bitte, glaub doch das Wort von mir,
Denn ehrlich will ich immer sein zu dir.

Nachtruhe

Wenn es dunkel wird,
Dann leg ich mich zur Ruh.
Ich denke an dich
Und schliesse meine Augen zu.

Mitten in der Nacht
Kommst du ganz still und fein.
Ich spür dich gut
Ganz tief in meinem Herzen drein.

Der Hoffnung Ziel

Ach wie schrecklich war mein Leben;
Kein Sehnen, nach nichts mehr streben.
Allein, ich konnte nicht mehr sein,
Die ganze Welt fiel in mir ein.
Doch der Hoffnung aller Kraft
Gab mir diesen einen Saft,
Den ich aus Gottes Quell' getrunken,
Mit Gedanken tief im Wort versunken.
Doch Hoffnung gab es mir zurück,
Und wir fanden wieder unser Glück.
Vereint in allen Zeiten,
Zusammen in allen Weiten.

Doch klüger bin ich nun geworden;
Ich glaub aus all den vielen Sorgen,
Die ich während schrecklicher Zeit gemacht
Und manche ganze Nacht gewacht.
Ich will mich mehr zu dir hinwenden,
Mehr Liebe möchte ich dir senden,
Dein Leben besser zu verstehen
Und auf uns beide einzugehen.

Qual

Leid und Freud
Waren vereint.
Alles vorbei im Sturm.
Vergessen das Schöne.
Bitter das Leben
Ohne die Kraft.
Doch nicht verloren,
Was mein Herze hat.
Oder alles zerstört
Im Sog des Schreckens?
Leben ist nicht mehr
Was ich wünsche.
Glücklos die Tage,
Die ich zähle.
Vorbei der Sinn,
Der mich stützt.
Ich weiss nicht,
Wer ich bin.

Kälte

Leute kommen,
Und sie gehen wieder.
Das Leben lebt,
Und es vergeht.
Ich möchte weilen
Mit den Leuten,
Doch sie entfallen meinen Augen.
Sie kommen, und sie gehen,
Ohne Rücksicht auf mich.
Mein Leben lebt,
Doch es ist schon abgestorben.
Die Leute gehen,
Und ich bleibe zurück.
Niemand ist bei mir.
Ich zähle meine Tage
Und hoffe, sie werden kürzer,
Denn wenn mich alle verlassen,
Verlass ich euch eben auch.
So möcht ich euch verlassen
Mit viel Trauer,
Die grossem Glücke folgte.

Freund

Ich wandle durch die Heimat,
Doch sie ist es nicht mehr.
Alles so kalt und trostlos.
Ich hoffte, Freunde zu sehen,
Aber sie kannten mich nicht mehr.
Ich bin ein Fremder,
Man stösst mich aus.
Geächtet im Leben des Kalten,
Weil ich Gefühle berge,
Weil ich sinnlich denke.
Ich möchte gerne sprechen,
Doch man weist mich zurück.
Ich möchte Gefühle weitergeben,
Jemanden lieben und verstanden werden,
Etwas erhalten, zu meiner Freude,
Glücklich und akzeptiert werden,
Wenn ich etwas nötig habe.
Ich kann sehen, hören, sprechen und denken,
Und ich kann auch fühlen.
Das erweckt in mir Liebe.
Doch das alles geht unter,
Weil ich keine Maschine bin.
Meine Freunde schrecken vor mir zurück,
Wenn ich Gefühle zeige, von Liebe rede.
Ich habe keine andere Wahl:
Ich muss mit Gefühl und Liebe
Alleine und ohne Freunde leben,
Zurückgezogen wahnsinnig werden.

An Yolanda

Dein Name, wie ein Lied in Lüften,
Umschwebt von frischen Rosendüften.
Dein Gesicht, so zart und fein,
Wie des Morgens Sonnenschein,
Der über Gipfeln sich erhebt
Und unsre Seelen neu belebt.
Deine Augen, rein wie Tau,
Wie Perlen auf der grünen Au.
Dein Sein bringt uns allen Wonne
Wie das Licht der neuen Sonne.
Mit Freuden reimte ich diese Töne,
Um Dich zu ehren, Du Holde, Schöne.
Und auf allen Deinen Wegen
Viel Glück und Gottes Segen.

Zwei Du

Du und ich sind wir,
Ich und du können nicht
Wir sein.
Wir, das ist ein anderes du.
In deinen Augen sind wir du,
Weil du nicht du bist.
In meinen Augen bist du
Nicht wir.
Weil du nicht du bist.
Wir können nicht wir sein,
Weil wir ein anderes du sind.
Wärst du du,
Würde ich dich lieben.
Du bist du.
Ich liebe dich.
Du bist nicht immer du.

Dein Haar

Ich schwärme sehr von Deinem Haar;
Es ist so herrlich anzufassen.
Aber es war nicht nur Dein Haar.
Ich konnte es einfach nicht lassen,
Mich in Deiner Nähe zu fühlen.
Du bist mir so wunderbar.
Du gibst es mir zu spüren,
Was das Leben stellet dar.
Ich suchte Deine Nähe,
Und ich möchte bei Dir sein,
Dass ich Dich jeden Tag sähe.
Deine Haare sind so fein!

Unruhe

Ich muss kommen, und ich muss gehen,
Dies um Dich zu sehen.
Doch es ist kein Leben ohne Ruh,
Denn Frieden gibst mir Du.
Zu Dir mit viel Freude komme ich;
Denn Du erhörest mich.
Ewig lang reden oder schweigen
Und es Dir zu zeigen,
Das, was ich fühle und empfinde
Und doch nirgends finde.
Geborgenheit finde ich bei Dir,
Wenn mein Herz schreit in mir.
Spürst Du es? Ich lehne mich an Dich,
Und es beruhigt mich.
Dann gehe ich von Dir mit viel Glück,
Denke an Dich zurück,
Habe wieder Freude am Leben,
Möchte Liebe geben
Und Dich ebenso glücklich sehen
Und nie wieder gehen.

Strassen

Zwischen uns verlaufen zwei Strassen:
Beide sind so verschieden:
Die eine führt von mir zu dir
Und eine von dir zu mir.
Alle beide legte ich zurück.
Jeder Weg bedeutet Glück,
Aber auf beiden bin ich traurig.
Motoren dröhnen stetig,
Und die Tränen können nicht kühlen
Den Teer unter den Rädern.
Jeder Weg scheint mir endlos viel;
Angekommen und doch nicht am Ziel.
Bin ich hier, sehn' ich mich wieder fort,
Und mich zieht's zurück, bin ich dort.
Die Wege sind ewig lang dabei.
Die Zeit, sie fliegt vorbei,
Vorbei huschen die Gedanken;
In der Luft bleiben Fragen.
Strassen – zur Wahl hab ich deren zwei.
Welche wird die letzte sein?

Sprüche

Die Zeit vor Gott gab es nicht.
Nach Gott wird es keine mehr geben.

Der Mensch ist das einzige Geschöpf,
das überlegen und logisch denken kann.
Das macht ihn zum dümmsten Wesen dieser Erde.

Gestern standen wir am Abgrund,
heute sind wir einen Schritt weiter.

Optimismus heisst, an den Weltuntergang zu glauben.

Unsere Freiheit: Wissen, was nicht verboten ist.

Zur Geburt

Etwas Grosses ist geschehen:
Zur Welt kam heut ein Knabe.
Er ist noch klein so anzusehen,
Aber 's ist eine himmlische Gabe.
Die Eltern jetzt sehr glücklich sind,
Voller Stolz und voller Freude,
Im Arm zu halten das kleine Kind,
Das ihnen anvertraut ab heute.
Habt immer lieb das Wesen klein,
Tut ihm Lieb' und Güte geben
Und so wird es glücklich sein
In seinem neuen Leben.

Vorwärts

'S ist nicht immer leicht im Leben,
Manchmal geht etwas daneben,
Und manchmal, da haben wir Schmerzen
Ganz tief in unserem Herzen.

Auch Dein Leben ist nicht immer leicht,
Hast Du auch Sorgen und vielleicht
Fühlst Du Dich einsam und verlassen,
Dann darfst Du den Kopf nicht hängen lassen.

Es geht immer wieder bergauf,
Auch die Sonne geht wieder auf
Und scheint tief in Dein Herz hinein
Und Du kannst wieder fröhlich sein.

Du bist ein Mensch so lieb und gut,
Gibst mir und den Menschen Mut,
Möchtest alle glücklich sehen
Und uns allen Liebe geben.

Geht es Dir auch einmal nicht sehr gut,
Dann lass nicht sinken weder Hoffnung noch Mut.
Es liegt vor Dir, näher als Du denkst, das Glück,
Schau nach vorn, um es zu sehen, nicht zurück.

Auf einer Insel

Siehst du, wie Menschen sterben,
Hungern und erschossen werden?
Hörst du, wie die Bomben fallen,
Und am Krieg man hat Gefallen?

Weisst du, dass man Frauen schlägt,
Macht mit Raketen wird gewägt,
Kinder dieser Erde leiden,
Menschen nur mit Geld sich kleiden?

Ich leb' auf einer Insel.
Ich bin allein auf dieser Insel!
Doch Inseln gehen unter,
Und sie ziehen mich mit runter.

64 Felder

Er sitzt da, am gleichen Tisch, mir gegenüber,
Schwarz wie Pech, das Tuch, das er geschlagen über,
Unsichtbar seine Augen, die gar keine sind,
Sein Blick auf mir haftend, ich keine Ruhe find.
Sein Gesicht, eingehüllt, starr und kalt wie das Eis,
Er spricht kein Wort, und kein Geheimnis gibt er preis.
Diesen ganzen Raum hat mit Grauen er erfüllt,
In eine schauderhafte Stille auch gehüllt.
Auf dem Tisch, in dessen Mitte ein Brett uns trennt;
Vierundsechzig Felder, ein Spiel, das jeder kennt.
Er möchte es spielen, das königliche Spiel,
Der Einsatz aber, den er will, ist mir zu viel.
Kalt spielt er dieses Spiel und unberechenbar;
Auch überheblich, denn er ist unschlagbar.
Zug um Zug würde er mich vollends besiegen,
Bis zu seinen Füssen ich müsst' herniederliegen.
Dann hätte er ihn, den ersehnten Preis
Und würde gehen, wie er gekommen, so leis'.
Diese Partie könnte ich beginnen,
Ohne sie je zu gewinnen,
Denn dabei kann es nur einen Sieger geben,
Und dieser würde sich seinen Preis gleich nehmen.
Manchmal möchte ich eine Figur bewegen,
Möcht die grösste Herausforderung annehmen;
Doch etwas ist in mir, das zurück mich hält,
Bevor das Urteil von mir selber wird gefällt.
Ist nicht zu jung und auch zu frisch mein Leben,
Um ihm diesen Einsatz in die Hand zu geben?

An Beatrice zum Geburtstag

25 Kerzlein auf dem Kuchen
Kannst du heut für Dich verbuchen.
Denn ein Vierteljahrhundert, das hat's in sich.
Dass Gesundheit Dir wird gegeben
In Deinem noch so langen Leben,
Dass das Glück, so hoffe ich,
Für immer begleite Dich,
Dass die Liebe weiterhin
Deines Leben Sinn
Und dass die Jahre, die weiter'n,
Mit viel Fröhlichkeit Dich erheitern,
Denn Gesundheit und Glück
Sind nur ein einz'ges Stück.
Und dass das Leben sonnig bleibt,
Dazu braucht's Lieb' und Fröhlichkeit.
All das, das wünsch ich Dir,
Es kommt von Herzen, es kommt von mir.

Ihr Duft

Es ist in diesem Zimmer
Von meiner Geliebten der Duft.
Sie ist weg und noch immer
Ist damit erfüllt die Luft.

Bin ich jetzt in diesem Raum,
Ist mir so, als sei sie hier.
Und immer ist es nur ein Traum,
Denn es ist der Duft von ihr.

Die Kraft

Hell erscheint ein Sonnenstrahl
Funkelnd über dem grünen Tal,
Und es waren immer Fremde
In der Strasse, bis ans Ende.

Vor Langem wollte ich immer
Ein schwarz bemaltes Zimmer,
Und ich hab versucht, nicht ich zu sein,
Noch immer bin ich darum klein.

Schön ist jeder Traum im Leben,
Den der Flug uns hat gegeben,
Aber immer blieben Fragen
Lautlos lastend auf den Tagen.

Eine Frau trägt ein Kind im Bauch;
Woher hat es den Lebenshauch?
Und wir können uns noch lieben
Mit der grossen Kraft zum Siegen.

Herbst II

An des grauen Herbstes Tagen
Ist kaum das Leben zu ertragen.
Immer kürzer scheint die Sonne
Mit ihrer warmen, hellen Wonne.

Die Menschheit fühlt sich krank und alt
Und bedrückt vom Nebel, grau und kalt.
Die Blätter fallen von den Bäumen,
Um jetzt den Strassenrand zu säumen.

Ein Ende kommt für alles Leben
Uns jedes Jahr im Herbst entgegen.
Wie Blätter liegen wir am Boden
Von dieser Jahreszeit betrogen.

Wege

Von wegen des Weges geh'n?
Wenn sich unsere Wege kreuzen,
Bleib ich am Wegrand steh'n.

Wissen

Wir tun so viel in unsrem Leben:
Suchen, forschen und uns bilden
Und die Erfahrung weitergeben,
Um vielleicht ein Ziel zu finden.

Unser Wissen, ganz unvorstellbar,
In die geheimsten Tiefen dringt;
Universen, kaum mehr erkennbar,
Es gross vor unsre Augen bringt.

Doch geht es uns darob nicht verloren,
Was es heisst, ein Mensch zu sein?
Aus welchem Grunde wir geboren,
Gesetzt in diese Welt hinein?

Denn rundherum geht nur die Reise,
Ohne dass ein Sinn sich fände;
Die Kreise schliessen sich in Kreise,
Und alles hat einmal ein Ende.

Zu Staub wird, was aus Staub entstanden,
Neigen wird sich unser Leben,
Und alles, was wir Menschen fanden,
Wird nicht mit ins Grab gegeben.

Dass einzig uns erhalten bliebe,
Für alle hier auf unsrer Erde,
Unter uns, mit etwas Liebe,
Endlich einmal Frieden werde!

Die Entscheidung

Dir so viel Liebe können geben,
Soviel, wie ich empfange,
Das wäre alles in meinem Leben,
Alles, was ich von mir verlange.

Ich möchte mich nicht länger quälen
Und das Leben noch mehr verpassen;
Ich möchte endlich etwas wählen:
Mich in Zukunft nicht mehr hassen.

Weiter hoffe ich in meinem Schmerz,
Es gehe einmal an mir vorbei;
Und dann endlich bemerkt mein Herz,
Dass leben noch lebenswert sei!

Frühlingstag

An einem Frühlingstag, schön und warm,
Lagen wir hier, Arm in Arm,
Waren glücklich und voller Liebe
Und wünschten, dass sie stehenbliebe.
Doch sie, die Zeit, sie blieb nicht stehen,
Und du, du musstest wieder gehen.
Doch liessest du in mir zurück,
Zur Erinnerung, ein bisschen Glück.

Die Anklage

Angeklagt hat man mich,
Und man wird mich verurteilen,
Denn ich habe den Vogel
Aus dem goldenen Käfig,
In dem er eingesperrt war,
Herausgelassen.
Aber ich habe es unterlassen,
Ihm eine Schere mitzugeben,
Um die dicke Luft da draussen
Zu zerschneiden.
Dies ist mein Vergehen.

An Beatrice, zur Weihnacht 1986

Sollten die Sorgen Dich jemals erdrücken
Und Leid und Not nicht mehr von Dir weichen,
Sollte nichts mehr, was Du auch tust, Dir glücken
Und will Dir niemand die Hand zur Hilfe reichen;

Sollten die Tränen Deine Wangen nässen
Und Deine Seele vor Kummer schmerzen,
Sollte die Gerechtigkeit Dich vergessen
Und all das Unglück Dein Herz verletzen,

Sollte die ganze Welt sich gegen Dich befinden
Und die Du Freunde nanntest, Dich verlassen,
Sollten sie sich schweigend von Dir wenden
Und Dich Deinem Schicksal überlassen,

So werd' ich stets an Deiner Seite bleiben,
Immer teilen mit Dir jede Not;
Und müsst ich sogar für Dich leiden,
Ich tät's für Dich bis in den Tod.

Herbst

Nebelschwaden ziehen auf
Und bleiben hängen
In unserem Gemüt.

Ein langer Schlaf steht vor der Tür,
Und wer fliegen kann,
Der fliegt gen Süd'.

Die Tage werden immer kürzer,
Bis eines Tages kein Tag mehr ist
Und keine Sonne unser Hirt.

Dann liegen auf der Strasse
Zerstreut die bunten Blätter;
Verloren und vom Wind verwirrt.

Abgefallen und nun zertreten,
Am Boden liegend
Und verdreckt.

Genau wie unsre Seelen,
Bis dass der erste Schnee
Uns nach und nach bedeckt.

Winter

In der Luft spiegelt sich die Kälte,
Die Sterne glitzern in der kalten Nacht,
Die Strassen der Stadt
Sind matschig und nass.
Doch auf den Feldern
Liegt rein und weiss
Der Schnee.

Und irgendwo, da liege ich,
Den Blick in den Himmel gerichtet.
Der Schnee bedeckt mich nach und nach.
Ich fühle, wie ich langsam sterbe.
Doch die Hoffnung bleibt am Leben;
Die Hoffnung auf den Frühling,
Welcher mit seiner Wärme
Zu neuem Leben mich erweckt.

Frühling

Wenn uns das Zwitschern der Vögel am Morgen weckt
Und der erste Sonnenstrahl durch's Fenster uns neckt,
Draussen das Geschrei der Kinder wieder erklingt
Und schon eine Knospe am Baume entspringt,
Dann muss der Schnee der Wärme sich ergeben,
Und die Hoffnung erwacht zu neuem Leben.
Als langer Schlaf erschien mir nur der Tod,
Und ich steh auf in des Frühlings Morgenrot.

Sommer

Die Sonne brennt, der Boden flimmert,
Das Leder klebt auf der verschwitzten Haut,
Dazu der Geruch von Benzin und Motorenöl;
Blauer Himmel über weiten Strassen schimmert.

Ein fernes Ziel: Ein See, das Meer vielleicht;
Die Fremde lockt, sie zieht mich an.
Ob sie die erhoffte Kühlung bringt,
Wenn einmal das Ziel ist erreicht?

Den Sommer so erleben,
Frei und ohne Zwang,
Heisst, seiner Zeit entschweben.

Mein Teddybär

Wir schicken unsre Kinder in den Krieg,
Um all unsre Feinde zu schlagen
Und feiern, dies verdient noch einen Sieg,
Ohne nach dem Preis zu fragen.
Teddybär, weine nicht
Und verbirg dein Gesicht.

Von den vielen unterdrückten Menschen,
An welchen man nur Unrecht tut,
Die nur durch Gitter die Freiheit sehen,
Klebet am Stacheldraht das Blut.
Teddybär, weine nicht
Und verbirg dein Gesicht.

Was unseren Gesetzen nicht entspricht,
Wird alles gleich verurteilt;
Es wird die Jugend geschleppt vor Gericht,
Im Glauben, dass dies die Zukunft heilt.
Teddybär, weine nicht
Und verbirg dein Gesicht.

Weil sie Hunger leiden müssen,
Sterben Kinder auf der Erde.
Uns liegt der Überfluss zu Füssen,
Damit das Elend schlimmer werde.
Teddybär, weine nicht
Und verbirg dein Gesicht.

Die Bäume gehen alle zugrunde
Von dieser verpesteten Luft,
Und es wird einmal schlagen die Stunde,
Da legt auch uns sie in die Gruft.
Teddybär, weine nicht
Und verbirg dein Gesicht.

Teddybär, jetzt kannst du ruhig weinen,
Nun kannst du zeigen dein Gesicht:
Unser aller mussten wir erscheinen
Und keiner überstand das Gericht.
Teddybär, lache nicht
Und zeige dein Gesicht.

Die Mauer

Ich fühle mich so wohl und abgestumpft,
Zurückgezogen, isoliert und gut getarnt.
Mein Gehirn, vielleicht schon eingeschrumpft,
Ist vor euch gewarnt.

Die Mauer um mich herum reisst ihr nicht ein;
Ich hab dies selbst noch nie getraut.
Es steht solide Stein auf Stein,
Sie ist mein Werk und stark gebaut.

Der leere Raum

Es schreit aus meiner Seele.
Ihr hört es wohl, doch versteht ihr nicht,
Denn es verstummt in der Unendlichkeit.

Die Fragen bleiben im Raume hängen
Und verharren unbeantwortet für immer.

Zwar seh' ich eure Lippen sich bewegen,
Ohne zu hören, was sie sagen.

Die Sonne scheint hoch am Himmel zu stehen,
Aber um mich herum herrscht Nacht.

Alte Wunden sind vernarbt
Und schmerzen dennoch weiter.

Wie tote Blätter an einem Baume,
Obschon gestorben, im Winde zittern,
Warten, bis sie abgefallen.

Verwurzelt

Mit dem gleichen Gefühl, mit dem ich zu dir kam,
Werde ich zurück dich lassen.
An deinem Leben teil ich nahm,
Um dich wieder zu verlassen.

Ein Gefühl, das reisst mich nieder,
Es drückt mir auf den Magen,
Es zieht mich hin und wieder,
Und es bringt mein Blut zum Jagen.

Du zogest mich in deinen Bann,
Zwischen uns entfachte Liebe.
In dir zu leben, ich begann,
Und unser Bund schien solide.

Meine Wurzeln fassten Boden;
Ich fühlte mich mit dir vereint,
Habe geatmet deinen Odem
Und auch schon um dich geweint.

Es ist Zeit, uns jetzt zu trennen,
Mich von dir nun zu entleiben.
Die Sehnsucht wird noch weiterbrennen,
Und ein Teil von mir wird bleiben.

Trübes Leben

Schwer hängen die dunklen Wolken am Himmel.
Ein kalter Wind geht durch Mark und Bein.
Das Wetter drückt auf die Stimmung.
Warum muss das Leben so elend sein?

Der Bund

Zwei Herzen haben sich gefunden
Und sich heut dazu entschlossen,
Mit einem Jawort zu bekunden,
Dass den Eh'bund sie beschlossen.

Wenn einer Kummer hat und er weint
Oder glaubt, es geht nicht mehr,
Dann scheint die Welt, zu zweit vereint,
In Wirklichkeit nur halb so leer.

So tragen wir, was uns bedrückt,
Und wär dies schwer wie Berge;
Wir tragen es, vielleicht gebückt,
Doch auf dem rechten Wege.

Ab heute sind wir durch ein Band verbunden,
Das allen Stürmen trotzt auf dieser Welt,
Nicht reisst in guten wie in bösen Stunden
Und das auf Lebzeit uns zusammenhält.

Das Versprechen

Gestern noch, ganz ungezwungen,
Wie zwei Kinder möcht man sagen,
Hieltet ihr Euch eng umschlungen:
Amor hatte zugeschlagen.

Heute nun, ganz aufgeregt,
Stehet ihr im Rampenlicht;
Habt ein Versprechen abgelegt,
Das zur Treue Euch verpflicht'.

Morgen jedoch wird sich's zeigen,
Ob Eure Ehe hat Bestand,
Denn das Schicksal kann sich neigen:
Geht auch dann noch Hand in Hand!

Der Entschluss

Es bleibt die Erinnerung an jenem Ort,
Wo ich so viel zurückgelassen,
Mein Herz, es schlägt noch immer dort,
Als hätt die Heimat ich verlassen.
Ich verlor sie, um mit dir zu sein;
Erhielt dafür ein Leben an der Seite dein.

Manchmal zerreisst es mir die Brust
Ob all dem, was zurück ich liess,
Doch es wird mir erst bewusst:
Vor mir liegt das Paradies.
Um den Entschluss hab ich gestritten
Und mich selbst entzweigeschnitten.

Ich habe Berge überwunden,
Bin in Dunkelheit gewandelt,
Mit mir selbst gekämpft während Stunden
Und über mich verhandelt:
Lohnt es sich, dies zu verlieren
Und ein neues Ich zu akzeptieren?

So denke ich mit Sehnsucht nun zurück;
Mit Hoffnung blick' ich vorwärts.
Ich müsst' nun schlagen eine Brück'
Und überwinden meinen Schmerz.
Vor mir liegt nun der Welten Zeit,
Was war, ist und bleibt Vergangenheit.

Der letzte Tag

Die schönen warmen Tage
Werden frühmorgens schon
Vom Nebel erdrückt.

Feucht und nass der Boden,
Übersät von Blättern
Von Bäumen abgestorben.

Die Tage werden kürzer,
Die Finsternis dafür länger,
Bis kein Tag mehr erwacht.

Irrfahrt

Ich renne und renne und weiss nicht wohin.
Nichts zieht mich weg, und doch muss ich flieh'n.
In steter Bewegung, doch immer präsent,
Wie ein Stern am ew'gen Firmament.
Wer sucht, der findet vielleicht einmal ein Ziel.
Um das zu finden, braucht es des Suchens viel.

Ein Bahnhof, der Geleise viele, doch leer.
Vielleicht kommt ein Zug, ich weiss nicht woher.
Der letzte Zug, er ist schon abgefahren.
Man nimmt mich nicht wahr, mich, den Unscheinbaren.
Ein Zug naht, und alle ziehen sich zurück.
Ich bleibe stehen: Vielleicht ist das der Zug ins Glück?

Der Zug, er hält; ich steige ein
Und glaub es wird das Beste sein.
Nun sitz› ich hier und lass mich gehen.
Wohin? Das werd' ich dann schon sehen.
Ich schau zum Fenster raus: Dort ist es Nacht,
Und ich frage mich, ob man am Bahnhof wohl über mich lacht?

Le marginal

Je prends un voilier et je m'envole
Sur une île deserte.
Elle s'appelle „L'île des marginaux".
Je la cherchais depuis longtemps,
Et maintenant je t'emmène avec moi
Sur cette île, qui sera à nous.

Je mange des anchois et je sens la mer,
Le soleil m'échauffe,
Les nuits ne seront plus des nuits,
Car avec toi l'obscurité n'existe pas.

Une île, un pays. Où est la paix?
Je la cherche, et parfois je la trouve.
D'où je suis – qui je suis?
On me le demande sans arrêt.

Je n'ai pas de réponse, tu le sais,
Mais toi, tu acceptes ma marginalité.
C'est pourquoi je t'emmène avec moi
Sur mon île, qui sera la nôtre.

Für Omi zum 80. Geburtstag

Ein wunderschöner Tag wie heut
Ist im Munde aller Leut'.
Ob mit Regen oder Sonne,
Es ist ein Anlass zu besond'rer Wonne.

Brauchst heute gar nicht artig sein,
Nimm drum noch ein Gläschen Wein.
Denn Fröhlichkeit, das zählt im Leben,
Und danach solltest Du auch streben.

Mit achtzig Jahren – wer dies auch glaubt,
Sei Dir Humor und Spass erlaubt.
Sogar ein Tänzchen in allen Ehren
Wird Dir heut niemand verwehren.

Das Alter von unsrem Jubilaren,
Das zählen wir doch nicht mit Jahren.
Was wirklich zählt zu jeder Zeit,
Ist Deine unermüdlich' Heiterkeit.

Heben wir das Glas zu Deinem Wohle
Mit dem Wunsch und der Parole:
Alles Gute, liebe Omi, zu Deinem Feste,
Bleib, wie Du bist – Du bist die Beste!

Einigkeit

Auch wenn wir alle Tage uneins sind,
ist es ein gutes Gefühl, trotz allem
die Zusammengehörigkeit zu fühlen.

Nicht der bedingungslose Glauben,
sondern die steten Meinungsverschiedenheiten
und deren gemeinsames Lösen, stärkt unsere Einigkeit.

Jeden Tag geht die Sonne wieder auf,
auch wenn wir sie nicht immer sehen.

Ausweg

Den Ausweg aus mir selbst
Finde ich nur in mir selbst.
Aus mir selbst
Führt der Weg zu mir.
Meine Schwächen
Können meine Stärken werden,
Wenn Niederlagen
Sich in Siege wandeln.
Wird die Spaltung
– Diese innere Unruhe in der Ruhe –
Meine Einheit zerstören
Oder werden Denken und Wollen
Wieder zueinander finden?

Hoffnung

Die Nebelschwaden der Erinnerung laden zum Verweilen ein.
Über ihnen schwebend gibt's für mich Sonnenschein.
Derweil noch unsichtbare Sterne zum Aufbruch drängen,
Denn Gestern ist Vergangenheit:
Es liebt sich nicht aus Erinnerungen.

Die Gegenwart, in der imaginär wir leben,
Bewegt uns, nach Entfernterem zu streben.
Doch wer kennt die Zukunft mit ihren Sorgen?

Dennoch heisst das Ziel: Immer wieder morgen.
Dieser Drang nach vorne, in die Ungewissheit,
Gibt Kraft zur Hoffnung
Auf eine Zukunft in Zweisamkeit.

Die letzte Reise

Symbolisch ein Küsschen
Zur Begrüssung und zum Abschied.
Im Wissen um das Ende,
Welches sich qualvoll
In die Länge zieht.
Doch nach dem Ende
Ziehe ich mich
Aus dem Verkehr,
Um auf eine grosse Reise zu gehen.
Immer wollt ich auf Reisen gehen.
Zu wenig sesshaft
Ist meine Seele.
Was nützt mir ein Herz
In einer Heimat,
In der ich nicht zu Hause bin?

Dein Spiegel

Ich möchte an der Wand Dein Spiegel sein,
So könnte ich jeden Tag Deine Augen sehen.
Teilen mit Dir Qual und Pein
Und bis an aller Welten Ende gehen.
Auf dem Weg dorthin noch einmal leben,
Nicht nur nehmen, doch Dir alles geben.

Das Christkind

Alle Jahre wieder
Kommt das Christuskind,
Kommt zu uns hernieder,
Wo wir Menschen sind.

Es will ja auch verdienen,
Was das Zeug nur hält,
Und mit Geschenklawinen
Überrascht es unsre Welt

Man mache es jetzt besser,
Versprechen jedes Mal
Auch die dicksten Fresser
Nach dem Weihnachtsmahl.

Keine Hungertoten
In der dritten Welt!
Wir schicken Götterboten
Mit gewasch'nem Geld.

Blut an den Händen

Ich bin ein Kind mit Blut an meinen Händen;
Ein kleiner Junge aus dem Universum.
Ich habe endlose Träume, die nie enden.
Träume von Kriegen rundherum.

Du siehst mich im Fernseher jeden Tag,
Immer im Kampf mit jemandem.
Das Banner des Todes ich auf meinen Schultern trag
Und kämpfe auf beiden Seiten der Banden.

Ich verlangte nie, geboren zu werden
Und frage nicht, wann zu sterben.
Ich bin einfach da: Der Tod auf Erden.
Will nichts mehr als das Verderben.

Ich bin ein endloser Traum;
Ich bin eine Traummaschine.
Erfülle jede Ecke, jeden Raum
Und schneide scharf wie eine Guillotine.

Ich lebe nicht in Syrien und nicht in Palästina;
Bin keine hundert Kilometer von dir weg.
Bewege mich – überall – wie eine Ballerina:
Ich liege hier, vor deiner Tür, in deinem Dreck.

Drei Wege

Sälü, Tschüss, auf Wiederseh'n.
In deinem Herzen schienen Lichter,
Doch waren es nur Traumgesichter.
Ich sah dich; blieb trotzdem steh'n.

Sälü, Tschüss, auf Wiederseh'n.
Das warme Licht in Deinem Fenster
Erweiset sich nur als Gespenster.
Ich kann sie gut von draussen seh'n.

Sälü, Tschüss, auf Wiederseh'n.
Wie die Fenster finster werden,
Wird die Wahrheit langsam sterben.
Es kommt die Zeit, da Träume geh'n.

Sälü, Tschüss, auf Wiederseh'n.
Keiner weiss, wo wir jetzt stehen.
Wir können nur drei Wege gehen:
Sälü, Tschüss, auf Wiederseh'n.

Das Auge im Himmel

Ich bin das Auge im Himmel.
Ich schaue auf dich
Und beobachte dich.
Ich kann deine Gedanken lesen.
Ich bin dein Sein auf ewiglich.

Ich kann deine Gedanken lesen,
Ohne dich zu sehen.
Du bist nichts weiter als ein Mensch gewesen.
Dein Leben wird vergehen,
Und niemand wird dich jemals wiedersehen
In der Welt der vergänglichen Wesen.

Ich bestimme die Gesetze
Und knüpfe alle Netze,
Die dich gefangen halten.
Ich brauche dich nicht zu sehen;
Nur an deinem Grabe stehen,
Um zu wissen, was in deinem Kopfe vorging.
Weil dein Leben oder dein Sterben
An meinem Faden hing.

Die Leiter

Für jedes Problem gibt es eine Lösung.
Nach jeder Wolke erscheint ein Sonnenstrahl;
Und jeder Träne folgt ein Lachen.

So geht's im Leben auf und ab;
Denn immer kommt, was kommen muss,
Oft mit Sorgen, die wir selber machen.

Doch die Kraft der Liebe
Hilft uns immer wieder weiter –
Tag für Tag und Schritt für Schritt.

Immer wieder hoch die Leiter,
Bis eines Tages, mit Geduld,
Wir stehen auf dem höchsten Tritt.

Glück

Glück ist das unaussprechlich
Schöne Gefühl,
Von Dir geliebt zu werden.

Die Welle

Wie auf einer Welle kam ich daher,
Über das weite, das endlose Meer,
Ich schwamm kühn, gewagt und stolz oben drauf
Doch sie bestimmte meinen Lebenslauf.
In wogendem Schritt ging es voran.
Nichts bremste ihre und meine Bahn.
Und dem Ufer kamen wir immer näher;
Die Turbulenzen immer jäher.
Die Tiefe wurde seichter und flacher,
Die Welle bäumte sich auf mit Krach,
Ich konnte mich kaum noch oben halten.
Immer lauter das Getöse,
Unaufhaltsam kam das Böse.

Sie überschlug sich,
Und mit ihr
Begrub sie mich.

El fin del mundo

¿Dónde empieza el fin del mundo?
Puede ser donde nosotros acabamos.
¡Aquí!
El fin del mundo está aquí,
Donde pasan las nubes con el norest,
Donde el aire frío te hace temblar,
Donde las lluvias no paran,
Y te mojan hasta los huesos.

El fin del mundo es en una ciudad,
Donde la gente vive muerta.
Y los muertos viven en cementerios.
Esta ciudad con sus edificios,
Que se levantan del suelo como lápidas sepulcrales.
Aquí está el fin del mundo.

Mein Ende der Welt

Wo beginnt das Ende der Welt?
Vielleicht dort, wo ich beginne zu sein.
Oder dort, wo ich aufhöre, gewesen zu sein.
Das Ende der Welt ist hier,
Wo der Nordost die Wolken vorüberziehen lässt;
Wo die Kälte dich zum Zittern zwingt;
Wo der Regen nie aufhört
Und mich bis auf die Knochen nässt.

Das Ende der Welt ist in dieser Stadt,
Wo die Menschen gestorben leben.
Wie Grabsteine erheben sich die Häuser,
Worin die lebenden Toten leben.
Ich bin einer von ihnen.
Hier beginnt mein Ende der Welt.

Me quedaré a tu lado

Si un día tu corazón te parece penoso,
Al punto, que solo no la soportas,
Y los otros te parecen estúpidos,
Para que con ellos no puedes estar más;

Si un día tus lágrimas corren demasiado,
Y no llegas a pararlas,
Si tu alma no aguanta más tu cuerpo,
Porque está demasiado maltratado;

Si un día la soledad te sobrecoge,
Si nadie se quedará contigo,
Si tu amigo más fiel te traiciona,
Si todo el mundo te muestra el dedo;

Me quedaré contigo, a tu lado.
Nadie me puede impedir a ayudarte,
Aunque sé, que me equivoco,
Para ti lucharé hasta la muerte.

Gedicht an Beat

Wenn Du Dich im Dunkeln fühlst,
Will ich Deine Leuchte sein
Und Dir zeigen deine Wege
Mit meinem Lichte Schein.

Meinen Gott will ich Dir geben,
Wenn Du Deinen Glauben verloren hast,
Und mit meiner ganzen Kraft
Dir tragen helfen Deine Last.

Erträgst Du nicht mehr Deine Schmerzen
Und Deine Seele in Dir schreit,
So will ich Deine Leiden teilen
Und wär zum Sterben auch bereit.
Alles, was mich aufrecht hält,
Der ganze Sinn in meinem Leben,
Ist die Hoffnung, einem Mann
Mehr als nur meine Liebe geben.

Kannst Du es wirklich nicht fühlen,
Dass nur Dir gilt meine Liebe?
Und ich wünschte, dass unsre Freundschaft
Nicht nur Freundschaft bliebe.

Der Goldfisch

Ein Goldfisch im runden Glas,
Nichts mehr als ein lebendes Aas,
Dreht seine Runden Jahr für Jahr
Und nimmt sich seines Lebens gar nicht wahr.

Hat nie etwas anderes gekannt.
Stets in dieses Glas verbannt.
Mit seinen unendlichen Runden
Verbringt er Stunden um Stunden.

Er denkt sich nichts dabei,
Alles ist ihm einerlei,
Als hätte sein Leben keinen Sinn.
Er ist im Glas und bleibt darin.

Ein Glas ist seine Klause,
Wie mir mein Zuhause,
Das mich zu meinen Runden zwingt
Und immer das gleiche Liedchen singt:

Gira gira el mundo, gira gira sin parar,
Estas preso quedas sin salir.
Mira mira la gente, mira mira sin mirar,
Solo quieren verte más sufrir.

Das Herz des Lebens

Wo liegt das Herz des Lebens?
Wer bestimmt unser Sein oder Nichtsein?
Alles, was wir tun, ist doch vergebens.
Niemand weint, obschon ich wein'.
Darum bleibt die Frage:
Hat das Leben überhaupt ein Herz
Oder nur ein ewiger Schmerz?

Fragen über Fragen.
Oder sind es Klagen?
Soll mein Herz noch weiter schlagen,
Oder auf Nimmerwiedersehen sagen?

Die Frage ist im Raum,
Doch sie hilft uns kaum.
Die Frage ist gestellt,
Und mein Grab ist auch bestellt.

Gute Nacht Freunde

Gute Nacht Freunde,
Es ist Zeit für mich zu geh'n.
Was ich noch zu sagen hätte,
Dass mein Leben an einem Faden hing.
Und dieser Faden ist dahin.
Mir bleibt nichts mehr,
Als von Euch Abschied zu nehmen.

Das unbegrenzte grosse Meer
Erlöst mich von meinen Problemen.
So gehe ich dahin,
Und niemand nimmt es wahr,
Was ich bin
Und was ich war.

Unfallopfer

Wo wohnt das Vergessen,
Dessen Erinnerung ich nur bin.
Ich armer, erbärmlicher Kretin.

Erinnerung in einen Stein gemeisselt,
der auf meinem Körper ruht;
Und erstarrt des Körpers Blut.

Wo Wünsche nicht bestehen
Und jeder frei vor sich selbst ist.
So frei, dass Freiheit uns vergisst.

Und bleiben nur wir zwei zurück,
Uns ist es wohl dabei zumute,
Denn es bleiben nur zwei Gute.

Und sonst bleibt nichts
Von dem, was immer nichts war,
Denn es war nichts, das uns gebar.

Das Leben ist an uns vorbeigegangen,
Und wir werden nie erfahren,
Wo wir sind und was wir waren:

Kinder in einem unnötigen Spital.
Gefesselt im Bett der Unendlichkeit
Als Unfallopfer der Vergangenheit.

Heute Nacht

Es gibt keinen grösseren Schmerz als den Schmerz,
lebend zu sein.
Sein und nichts kennen als die Angst,
gewesen zu sein,
ohne jemals gelebt zu haben.

Ich weiss nicht, wohin ich gehe
Und nicht, von wo ich komme.
Doch war ich Architekt meiner eigenen Bestimmung.

Ohne Zweifel fand ich die Nächte lang;
doch du versprachst mir nicht nur gute Nächte.

Heute Nacht liebte ich dich wie noch nie.
Aber du warst nicht da.
Ich liebte dich heute Nacht,
als du nicht da warst.

Neues Leben

Im Kopf beginnt, was später blühen soll
Und gedeihen soll sehr achtungsvoll.

Ich habe viel studiert und auch philosophiert
Und dabei meinen Geist dressiert.

Doch meine Seele kam zu kurz,
Bis sie fiel in langem, tiefem Sturz.

Doch heute bin ich freier als je zuvor.
Bewusst, dass vom Leben ich nichts verlor.

Nur an mich selbst zu denken,
Soll mir meine Zukunft schenken.

Mich lösen von allem, was mich bedrängt
Und von allem, das mich beengt.

Ich fühle mich wohler und frei,
Und *so* mein neues Leben sei!

Liebe

Gibt es Liebe und wird es Liebe geben?
Liebe, die uns begleitet durch das ganze Leben?
Hat es Liebe jemals gegeben?
Oder ist es etwas nur, wonach wir streben?

Wenn die Liebe existiert,
So gibt es sie nur affektiert.
Etwas, das uns schikaniert
und uns obendrauf noch blamiert.

Keine Liebe kann so bestehen
Und keiner wird dies je verstehen,
Denn das Einzige, das wir sehen,
Ist die Liebe als ein Versehen.

Lohnt es sich, darum zu kämpfen?
Sich in Schweiss und Blut zu dämpfen?

Liebe gibt es nicht!
Sie ist nur eine üble Pflicht,
Die niemals hält, was sie verspricht,
Und um unsre Freiheit uns besticht.

Mein Kätzchen

Kätzchen, Kätzchen, lieb und fein,
Lass mich dein treuer Begleiter sein.
Mit dir, mit deinen sanften Pfoten,
Folgen wir nachts den Götterboten.

Schlafen am Tag beim warmen Ofen
Und träumen von unsren Philosophen,
Die uns sieben Leben schenkten;
Mit Unsterblichkeit fast uns tränkten.

Doch am Tag, auch in der Nacht,
Passen wir auf; geben immer acht.
Die Sinne wach, die Ohren spitz,
Zusammengerollt auf uns´ rem Sitz.

Öffnen halb die Augen beim kleinsten Laut,
Nur ein Geräusch, dem unser Sinn nicht traut,
Und weg sind wir mit einem Sprung;
Elegant und mit sehr viel Schwung.

Doch unser liebster Sitz, der ist nun leer.
Wir ducken uns und schau´ n uns um,
Bewegen uns nicht und sind ganz stumm.
Der Sitz beharrt auf uns´ re Wiederkehr.

Diebe

Es ist Sonntagmorgen,
Ein wunderschöner Tag erwacht:
Der Himmel blau, die Sonne lacht.

Ich erinnere mich an den ersten Kuss.
Durchdrang meine Seele wie ein Schuss,
Und kurz darauf war Schluss.

Er folgt mir wie mein eig'ner Schatten,
Flüchtend vor dem Licht,
Und doch ohne Licht zerbricht.

Er grenzt meine Freiheit ein.
Unendliche Freiheit, die man nur erficht,
Wenn man endlich die Gesetze bricht.

Stehlen kann man meine Freiheit nicht.
Doch Diebe, die meine Hoffnungen stehlen,
Und damit mein ganzes Leben entseelen.

Und kein Leben ist ohne Seele,
Und ohne Seele ist kein Leben.
Was also kann ich dir schon geben?

Die andere Frau

Eine kleine Wohnung an guter Lage,
Mit Komfort und allem Drum und Dran.
Sie sei hübsch, sagen die, die sie sah'n;
Doch nur selten sieht man sie am Tage.

Wie bei allen anderen Frauen in ihren Jahren
Schaut die Mutter zu ihrem Kind,
Weil sie dazu zu beschäftigt sind.
Doch nicht mehr lange; sie ist sich im Klaren.

Der kleine Unterschied zu ander'n Frauen:
Sie macht ihre Arbeit in der Dunkelheit
Und mit Geduld ertrag'ner Einsamkeit.
Kehrt erst nach Haus im Morgengrauen.

Sie ist nicht allein auf kalten Fluren
Im harten Kampf um ihre Existenz,
Ihre Schwestern sind ihre Konkurrenz,
Denn alle sind sie Huren.

Wie viele von ihnen kam sie vom Land
Und suchte in der Stadt das grosse Geld,
Man sagt, es hier vom Himmel fällt.
Doch nur auf der Strasse sie es fand.

Sie ist stets da für die mit gebrochenen Herzen,
Für die in unserer Gesellschaft Verirrten,
Um sie mit ihrem Körper zu bewirten;
Und hilft manchmal auch bei Seelenschmerzen.

Sie fühle sich als Frau nicht schlechter.
Doch für viele Leute scheint es ein Tabu.
Denn was sie auch tut, sie steht dazu;
Im Grunde genommen ist sie sogar gerechter.

Im Paradies

Es geht uns gut und wir haben kein Problem;
Wir haben jeden Luxus und leben ganz bequem
Am weissen, reich und schön gedeckten Tisch,
Mit Köstlichkeiten nicht gerade wählerisch.

Und irgendwo einsam ein Radio läuft
Und mit Neuigkeiten uns ersäuft:
Dass das Meer einer Kloake gleicht,
Die Luft zum Atmen nicht mehr reicht.

Aktien, Börsen, Gewinne unsrer Bank,
Während Kinder, hungrig, arm und krank,
Ohne Bildung, schlechthin ausgenützt,
Und ohne Lobby, die sie beschützt.

Doch korrupte Herrscher unterdrückter Nationen
Füllen unsre Banken mit ihren Millionen.
Kein Geld stinkt hier auf Schweizer Banken:
Sie waschen sauber und lassen danken.

Wir glauben noch an Kirche und an Gott,
An den Papst und sein Komplott.
Wir hören brav, was der Pfarrer von der Kanzel spricht,
Während draussen die Regierung man besticht.

Und danach, bei einem guten Wein,
Sind wir uns einig und kommen überein:
Diese Welt ist doch schön und gut,
Wenn unser Reichtum quellen tut.

Wir Ignoranten glauben noch ans Paradies,
Wo Gott einst Milch und Honig fliessen liess.
Oder wir sind einfach viel zu dumm,
Um zu seh'n, was läuft um uns herum.

Verlassene Treue

Da wir doch nie zusammenlebten,
Waren wir verrückt, waren alleine.
Auch wenn wir im siebten Himmel schwebten
Sind meine Tränen Tinte, wenn ich weine.

Und alles, was ich schreibe,
Kommt aus deinem Munde Lachen.
Und wenn ich in deinen Träumen bleibe,
So gibt's kein bös' Erwachen.

Doch ich sah nicht, du warst in Ketten;
Ich verehrte dich zu sehr.
Worte konnten nicht mehr retten,
Denn die Ketten wurden schwer.

Doch alles, was ich schrieb,
All die Worte meiner Reue;
Was letztlich übrig blieb:
Der Geschmack verlass'ner Treue.

Gestutzte Flügel

Die Arme auf die Theke gestützt,
Die Füsse unten im Dreck,
Kein Unterstand, der mich vor Regen schützt,
Das Essen ohne Besteck.

Seit du mir die Flügel hast geschnitten,
Es mich nach unten zieht.
Der Boden ist mir entglitten
Und mein Schatten vor mir flieht.

Ein letztes Glas, das nehm ich noch,
Mit dir und mir und mir allein,
Trage weiterhin mein Joch,
Dann schlafe ich am Boden ein.

Nur im Spiegel bist du noch da.
Tränen fliessen in den See.
Die Flasche leer, der Spiegel nah
Und die Flügel, die tun nicht mehr weh.

Geschnitten sind mir meine Flügel.
Sie wachsen nicht mehr nach.
Lose fallen meine Zügel,
Und seither liegt die Freiheit brach.

Käfig der Freiheit

Unser Gefängnis ist ein Käfig der Freiheit,
Denn Freiheit ist eine Form der Macht.
Macht, die Menschlichkeit entzweit,
Über uns späht und über uns wacht.

Wir sind Aufseher und Gefangene zugleich
In diesem Loch, das sich mit Abfall füllt;
In diesem selbsterbauten Reich,
In Mauern des Schweigens eingehüllt.

Unser Argwohn will entfliehen
Aus unseres Entwurfes Falle.
Dem Henker sich entziehen;
Sich befrei' n aus seiner Kralle.

Doch sind zu hoch die Mauern,
Und die Schlüssel sind verloren,
Was wir sehr bedauern.
Sie sind irgendwo da draussen
vor geschloss'nen Toren.

O Götter

O Götter,
Was haben wir getan,
Dass diese Seuche kam?
Auf einmal kam sie über's Land.
Habt ihr diese Strafe uns gesandt?

Haben wir euch nicht genug gelobt,
Dass ihr über unsren Köpfen tobt?
Wenn wir um das Leben ringen,
Wer soll euch dann noch Opfer bringen?
Wenn alles stirbt rundherum,
Bleiben auch die Kirchen leer und stumm.

Ihr gebt uns dafür die Schuld.
Nichts machen wir euch recht.
Habt doch ein wenig Geduld.
Ist die Menschheit denn so schlecht?

Der Tod vor der Tür

Der Tod steht heute vor der Tür.
Wie eine Heilung ich ihn spür,
Wie der Duft nach roten Rosen,
Um meine Sinne zu liebkosen;
Wie das Ende eines Orkans,
Das Happy End eines Romans,
Wie ein Sieg nach einem Kriege,
Den man geführt durch Jahre,
Oder das Schaukeln einer Wiege
Oder eher das meiner Bahre.

Weihnachtstöne

Fragt man auf der Strass' die Leute,
Was Weihnacht ihnen denn bedeute,
Sagen sie in allem Stress und aller Eile:
Ein Tag wie jeder andere auch
Und um nichts so viel Rauch.

Darum laufen wohl die Handys heiss;
Überall es summt und klingt,
Von sechs Uhr früh bis Mitternacht,
Ein SMS um jeden Preis
Uns die gute Nachricht bringt.

Mit altbekannten Liedern man uns ersäuft,
Und an Heiligabend werden wir überhäuft
Mit Fotos, Bildchen, dumm und dämlich.
Jeder fühlt sich als der geborene Poet,
der in Wirklichkeit uns nur auf den Wecker geht.

Seinen Partner sieht man gar nicht mehr,
Jeder ist in sein Display vertieft so sehr.
Handy auf dem Tisch beim Bankett,
Ein Handy neben uns im Bett.
Sogar das Christkind schickt seinen Segen
Durch den Äther auf WhatsApps Wegen.

Was einst unsere Herzen erfreute
An einem Tisch mit unseren Lieben:
Musik und Lieder, wenn auch nicht gesungen,
Sind heut Klingeltöne und Handy-Geläute.

Blumen im Grab

Das Lachen ist uns längst vergangen,
In Trübsal und Missmut sind wir gefangen;
In Freude wir nicht mehr leben können,
Und wir mögen uns auch nichts gönnen.

Doch wenn wir für immer gehen
– Auf Nimmerwiedersehen –
Dann legt ihr Blumen in die Gruft.
Rote Nelken mit Moderduft.
Werft weinend sie ins Totenloch,
Was für Heuchler seid ihr doch.

Gebt uns Blumen solang' wir leben,
Statt auf dem Friedhof zu vergeuden.
Und legt sie nicht dem Sarg daneben,
Denn wenn wir leben, bereiten sie uns Freuden.

Der Türöffner

In Bewegung
Ist der Aufbruch,
Öffnet Türen
Auf weite Wege.

Gleichmässig

Gleichmässig geht mein Schritt.
Jeder Schritt ein Stück Weg.

Gleichmässig geht mein Atem;
geht ein und aus.

Gleichmässig geht mein Körper weiter,
und ihm folgt mein Geist.

Gleichmässig geht die Zeit vorbei,
und sie kommt nicht wieder.

Gleichmässig geht die Gegenwart vorüber,
bis sie in der Vergangenheit gefangen ist.

Gleichmässig geht der Abfall aus meinem Kopf,
bis mein Kopf gefüllt ist.

Wenn ich gehe

Wenn ich gehe, geh ich weit,
Suche ein Versteck
und bleibe eine lange Zeit.
Beacht' mich nicht,
Damit du mich nicht grüssen musst.
Ich überwinde den Verlust.

Aus der verletzten Seele
Kommt kein Schrei;
Der steckt noch in der Kehle.
Es schlug zu, das Gift, das ich trank
Aus deinem Kelch,
Aber machte mich nicht krank.

Ich habe mich nur fortbewegt
Aus dieser Rund'
Und die Händ' auf mein Aug' gelegt.
Ich zog los ohne meine Lieb',
Im Sturm des Vergessens,
Als ich diese Zeilen schrieb.

Blumen verwelken Tag und Nacht,
Ihr Geruch vergeht,
Und sie legen nieder ihre Pracht.

Kein Frieden ohne Krieg

Erloschen ist das Licht der Sonne.
Ohne Licht gibt es keinen Schatten
Und keine Wahrheit ohne Lügen.
Am Ende bleiben nur die Ratten.

Die Welt ist ein Ufer ohne Wasser,
Wie Wein ohne Reben,
Eine Erinnerung an nie Gelebtes,
Wie der Tod ohne Leben.

Wer nicht träumt vom Kriegen,
Lernt in Träumen fliegen,
Verachtet alle Waffen
Und will trotzdem siegen.

Doch mit der Zeit vergeht der Traum,
Es geht vorbei, nach was wir streben,
Und was wir nie verstehen:
Ohne Krieg kann es keinen Frieden geben.

Und wenn der Traum zu Ende,
Spielen wir das gemeine Spiel,
Machen eine Wende
Und ändern unser Träume Ziel.

Pflugscharen zu Schwertern schmieden.
Nur der Besiegte träumt von Frieden,
Die Wahl wird uns nicht zur Qual,
Denn wir haben keine andre Wahl:
Ohne Krieg kein Sieg
Und kein Frieden ohne Krieg.

Kurzer Tanz

Nur eine kurze Weile tanzen wir.
Während der Himmel wartet,
Sind wir Gäste hier.

Wer will schon ewig leben?
Wir hätten nicht die Kraft dazu,
Um nach Ewigkeit zu streben.

Auch wer ewig an der Jugend hält,
Vergiesst nur Blut der Reben,
Denn sein Grab ist schon bestellt.

Das Leben lohnt sich kaum;
Im Flug ist es vorbei,
Wie ein nicht erfüllter Traum.

Liebe beginnt träumend

Die Liebe beginnt träumend;
Die Liebe tanzt
Einmal im Himmel,
Einmal in der Hölle.
Sie verschweigt,
Was wir sagen wollen.
Sie öffnet Türen,
Aber verschliesst Herzen.
Sie bleibt nie stehen,
Denn sie vergeht im Flug
Und endet erwachend
Mit einem Alptraum.

Der Ignorant

Wer die Wahrheit nicht versteht,
Nicht merkt, woher der Wind denn weht,
Hat das Herz sowie den Verstand,
Nicht an der rechten Stelle;
Ist eingeengt in seiner Zelle
Und obendrein ein Ignorant.
Wer die Wahrheit wissen will,
Der bleibt besser still,
Pflegt nichts zu sagen
Und lernt, sich zu fügen
Unter all den vielen Lügen,
Sonst nennt man ihn
Ein Ignorant.

Verlorene Erinnerung

Ich habe meine Erinnerung verloren,
Weiss nur vom Hörensagen,
Dass ich einmal war geboren.

Und als ich meine Liebe verlor,
– Als ein Übel oder als ein Wunder –,
War nichts mehr wie zuvor.

Und wenn ich weine oder lache,
Dann weiss ich nicht,
Ob ich träume oder wache.

Mein Gedächtnis lässt mich im Stich,
Doch das ändert nichts:
Ich erinnere mich nicht an mich.

Meine Erinnerung ist verloren,
Als wäre ich nie geboren.
Vielleicht bin ich nur ein Gedicht,
Aber erinnere mich nicht.

Halbmond

Seht ihr den Mond, wie er am Himmel steht?
Er ist doch kugelrund,
Doch nur zur Hälft' ist er zu seh'n,
Die andre Hälfte ist verdeckt.
Aus welchem Grund?

Er macht es uns Menschen gleich:
Nur die Hälfte preis wir geben.
Unsre Freuden, unsre Sorgen,
Unser halbes Leben,
Halten wir verborgen.

Wir aber kennen den Grund:
Zu schwer fällt es uns,
offen und ehrlich zu sein.
Die halbe Wahrheit nur tun wir kund,
Die andere Hälfte ist Trug und Schein.

Das Echo des Lebens

Lass die Stunden vergehen
In der Stille des Vergessens,
Um das Echo des Lebens
Sprechen zu lassen.

Und lass den süssen Duft,
Den Baldrian unserer Liebe
Aus vergangenen Tagen,
Zum Himmel aufsteigen.

Me muero

Me muero
De tantas vueltas
Que di mi vida.
Caí de la torre de Eiffel
Para hundir
En un mar de lágrimas,
Y reí con amigos
Hasta perder el Norte.
Iba de un extremo al otro
En el lado oscuro de la luna.
Vicisitudes de la vida,
Trastornos del espíritu,
Y olas del corazón.

Am Weihnachtsmarkt

Am Weihnachtsmarkt schaute ich die Stände an,
Was da alles zu ergattern war.
Ich wurde getrieben von der Menschenschar,
Da zupft mich am Ärmel jemand ganz spontan.

Ich schau hinab: Ein blass und bleiches Kindsgesicht
Schaut zu mir hinauf und streckt mir hin seine Hand.
Eine Schachtel Streichhölzer sich darin befand.
„Kauf mir eines ab", bittet scheu der Wicht.

Doch ich schritt eilends an ihm vorbei,
Sah nicht, war es Mädchen oder Knabe;
Beachtete nicht seine schlichte Gabe,
Und von seinem Griff riss ich mich frei.

Doch auf dem Heimweg, ohne Ruh
Und mit langen Schritten,
Erinnerte ich mich des Kindes Bitten
Und hörte seine Stimme immerzu.

Über mich kam grosse Scham,
Die zur Umkehr mich bewog
Und zum besagten Stand zurück mich zog:
Zum gutgemeinten Kauf ich mich erbarm.

Ich ging durch die Stände hin und her,
Doch seine Stimme war verschwunden.
Traurig gab ich auf nach etlich' Stunden.
Ich fand das Kindlein nimmermehr.

Hätte ich den Batzen nur gerückt
Für den Wicht mit leerem Magen
An diesen kalten Weihnachtstagen.
Ein Stück Brot nur hätte ihn beglückt.

Gebein aus Stein

Die Toten sind die grössere Macht,
Sie sind es, die uns regieren
Und unser Leben dominieren;
Sie haben zu Sklaven uns gemacht.

Doch sie sind nur mein Gast,
Und *ich* lenke ihre Wege,
Bis ich mich zu ihnen lege
Und in ihrem Reiche rast'.

Der erste Mensch war nur aus Ton,
Doch schon vor der Erde Sein
War mein Gebein schon aus Stein
Und hatte auf der Erde seinen Thron.

Das Kind zu seinem Vater

Frage an den Vater eines Knaben:
„Was sind des Mannes Aufgaben?"
„Er ist der Chef der Familie ganz schlicht;
Das ist seine ehrenhafte Pflicht.
Er ist hier das starke Geschlecht
Und sieht für Ordnung und wahrt Recht,
Sieht, dass alles richtig läuft und steht
Und sich alles um ihn dreht.
Er bestimmt und befiehlt,
Was in der Familie wird gespielt."
Darauf das Kind zum Vater meint:
„Wenn das so ist, wie es scheint,
Will ich, wenn ich nicht mehr klein,
Ein Mann wie meine Mutter sein."

Ein Floss in der kalten Nacht

Es ist kalt um Mitternacht.
Ein Floss legt an,
Triste Gestalten sind seine Fracht:
Ein übler Kahn.

Ihre Glieder vor Kälte erfroren
Auf der langen Fahrt.
Ungewohnt für diese Mohren,
Aber sie haben ausgeharrt.

Still und ohne Ziel trieb ihr Kahn,
Das fremde Land kannten sie nicht;
Nur Sturm und Wind wies ihre Bahn,
Doch kamen sie mit Zuversicht.

Sie bezahlten mit ihrem Hab und Gut;
Einige sogar mit ihrem Blut.
Sie wurden an den Strand geschwemmt,
In einem Land, das ihnen fremd.
Nun sind sie endlich hier
Und weiterhin
Zwischen Zäunen eingeklemmt.

Die zu kleine Welt

War mein Leben leicht oder schwer,
Erfüllt mit Freuden oder nur Beschwerde?
War es nur trostlos und leer
Oder wird es noch sinnvoll und kostbar werden?

War alles Erkenntlichkeit oder nur Undank?
Ein Leben in Obskurität oder Herrlichkeit
Oder ewiger Krieg und steter Zank
In einem Uhrwerk ohne Zeit?

Was am Ende übrigbleibt,
Ob im Himmel oder in der Hölle,
Auf meinen Grabstein schreibt:
Diese Welt war zu klein für ihn gemacht;
Er war zu gross für diese geringe Welt,
Darum hat er sich ihr nicht unterstellt.

Warte mit Geduld

Wenn sie spät kommt,
Warte mit Geduld
In einem Bett mit tausend Kissen,
Und wenn sie früh kommt,
Warte mit Geduld,
Mit einem Strauss Narzissen.
Aber warte mit Geduld
Und suche keine Schuld.

Warte mit Geduld,
Gelassen wie ein Lamm.
Warte nur noch diese eine Nacht,
Und wenn der Morgen dann erwacht,
Führe sie an den Strand
Und lass die Tauben aus der Brust;
Lass sie in grenzenlose Freiheit fliegen
Und ihren Kopf an deine Schulter schmiegen.

Schaut den Sternen zu,
Spaziert im Blumengarten;
Dein Herz spricht nur leise.
Geniesst die himmlische Ruh
Auf dieser unbegrenzten Reise
Und setze den Schlusspunkt
Des gelobten Versprechens.

Das kalte Bett

Der Kaffee ist heiss,
Dein Bett noch kalt.
Du gingst fort;
Gingst ohne Wort.

Die Aschenbecher sind noch voll,
Und der Raum stinkt.
Die Flaschen sind leer,
Und der Kopf ist schwer.

Auf dem Tisch
Stehen noch die Gläser
Mit geschmolzenem Eis.
Für sie war die Nacht zu heiss.

Vorbei ist der ganze Spuk;
Ich nehme noch einen Schluck,
Doch dein Bett bleibt kalt.
Alleinsein kann man überwinden,
Gegen Einsamkeit muss man
Die Medizin erst noch erfinden.

Gott am roten Telefon

Gott zum Teufel am roten Telefon:
„Warum tust du das auf dieser Welt?"

„Hier befehle ich, ich bin der Baron,
Zu deinem Gefallen oder dir zum Hohn.
Die Menschheit ist *mir* unterstellt,
Mir allein gehört diese Welt.
Zu gnädig bist du doch mit ihnen;
Mir, dem Satan, sollen alle dienen!"

„Aber es hat doch Platz für alle.
Warum uns also schlagen?
Geben wir allen ein wenig Eden
Und ein bisschen Hölle auch für jeden."

„Was habe ich davon?
Was ist mein Lohn?"

„Nimm du die Schlechten,
Überlasse mir die Guten.
Die Bösen kannst du knechten,
Und lass nicht die Gerechten bluten."

Diese Abmachung ist keine Legend:
Die Menschheit wurde so getrennt,
Und die Menschen wurden rar,
Wie es vor Adams Zeiten war.
Öd und leer ist die Erde jetzt;
Gott hat seine Menschen überschätzt.

Unser Herz

Unser Herz ist habsüchtig und gierig,
Unersättlich und blind,
Nach Blut dürstend und gefrässig
Und dreht sich brav nach jedem Wind.

Ein Wolf im Schafspelz, schön getarnt,
Stellt Liebenswürdigkeit zur Schau
Und mit Sanftmut uns umgarnt,
Aber sein Kern ist hart und rau.

Es verbrennt Bücher, zerstört Häuser,
Gekaufte Macht und blutige Hände,
Heldenhafte Morde und Haft ohne Gericht
Sprechen dafür Bände.

Als ich diese Welt lernte kennen,
Starb ein Teil von mir.
Gebt mir noch ein letztes Mahl,
Dann geh ich weg von hier.

Erbärmlich, elend dieses Leben.
Besser gleich zu sterben
Und alles aufzugeben,
Als mit euch weiter zu verderben.

Die grosse Lüge

Ich kam von einem ander'n Stern,
Diese Welt zu erkunden und zu sehen
Und zu erfahren all die Heldentaten,
Die scheinbar hinter diesen Menschen stehen.

Doch ich entdeckte eine grosse Lüge,
die sich scheinbar Nächstenliebe nennt.
Sie behaupten, sie hätten mehr davon
Als Wasser zum Trinken, die aber doch niemand kennt.

Ihr Gott gebe ihnen Brot zu essen,
Zugleich lässt er Menschen sterben,
Sei es durch Kugeln oder Hunger
Oder Elend, Armut und Verderben.

Ich packe lieber wieder meine Koffer,
Lass die bunten Ansichtskarten liegen,
– Nur Lug und Trug in schönen Farben –
Um wieder hinter meinen Mond zu fliegen.

Verkehrte Sanduhr

In der Sanduhr steigt der Sand,
Die Sonne geht zweimal nieder;
Sie geht auf, wo sie verschwand,
Und die gemachten Fehler kommen wieder.

Finde ich die gestrigen Wunden,
Wenn das Gestern heut verschied,
Um sie morgen zu gesunden,
Doch das Morgen vor mir flieht?

Das holde Kind, heute geboren,
Riecht der Blumen Duft,
Die es gestern erst verloren
Auf der frischen Gruft.

Und auf dem Friedhof
liegt das Grab von morgen
Unter dem von gestern verborgen.
Der morgige Tod warf seinen Schatten zurück
Und erreichte uns schon heute,
Beraubte uns um unser Glück,
Ein Glück, das uns höchst erfreute.

Und wenn die Sonne dreimal sich erhebt,
Weiss keiner, ob er gestern, morgen oder heute lebt.

Die Brücke am Fluss zum Meer

Nacht, der Himmel und das Licht vom Monde,
Der einsam am finstren Himmel thront.
Im Dorf wurde es behaglich still und stumm,
Nur die alte Brücke über den Fluss seufzet krumm.

Ein Fluss von Feuer und Leidenschaft
Fliesst märchenhaft durch das weite Tal
Im glühend heissen Abendrot,
Das ihn zu verbrennen droht.

Die brüchige Kapelle im Dorf träumte, ein Dom zu sein,
Doch zu bescheiden war ihr Himmel.
Warum sollte sie jetzt im Himmel sterben,
Wenn wir hier schon wie im Himmel leben?

Sie will hier unten leben, am Fluss zum Meer,
Das an den Geschmack von süssem Salz erinnert,
Mit wehleidigem Blick aus dem zerbroch'nen Fenster
Auf die auf der krummen Brücke tanzenden Gespenster.

Worte auf dem Meeresgrund

Entschuldige, wenn ich die Worte nicht verstehe
Und im Moment den Hintergrund nicht sehe.
Ich weiss nicht, was ich höre und was ich bin.
Haben Worte überhaupt noch einen Sinn?

Sie sind wie ein Meer der Gefühle,
Drehen sich endlos wie eine Mühle.
Worte können motivieren
Und manchmal deprimieren.

Worte bringen einen zum Fallen,
Bis auf den Meeresgrund zu prallen,
Und wenn ich ertrinke dort,
Verstehe ich vielleicht dein Wort.

Die Worte reden nicht von Liebe,
Sie sind der Menschheit Hiebe,
Aber manchmal hör ich sie gerne
Auf dem dunklen Meeresgrund als Laterne.

Das Glück in der Flasche

Wenn ich die Zeit aufhalten könnte,
Schaute ich zurück,
Um zu sehen, ob heute gestern ist
Oder schon morgen war.
Gefangen in einer Flasche hielte ich das Glück.

Doch was bringt mir das,
Wenn ich heute nach dem Morgen strebe
Und noch auf das Gestern warte?
Das Glück zwar in der Flasche halte,
Aber stets im falschen Zeitpunkt lebe?

Gestern, heute und auch morgen
Blieb und bleibt die Flasche fest verschlossen.
Ich kann zurückschauend nach vorne streben,
Kann weder Zeit noch Glück erkennen,
Denn der Inhalt der Flasche ist schon ausgeflossen.

Küsse statt Worte

Ich sage doch, ich hatte dir gesagt,
Aber du sagst, ich sagte dir,
Ich hätte dir nicht gesagt,
Was du nicht sagtest mir.
Und weil keiner schwieg,
begann der Krieg.

Ein Kampf mit Worten statt mit Waffen,
Aber der Wörter Kugeln treffen
Und geben dem Gemüt zu schaffen.
Sie treffen, wo es schmerzt.
Ein Krieg ohne Schlachtfeld,
Ohne Sieg und ohne grossen Held.

Attacken, denen keiner entrinnt,
Gleich kläffendem Gebell,
Mit Wunden, die nicht mehr heilen.
Ein Krieg, den niemand gewinnt;
Ein permanent verbales Duellieren,
In welchem beide verletzt verlieren.

Sind wir wirklich solche Narren,
An der Sturheit festzuhalten,
Unnötig in Starrsinn zu beharren
Und behaupten, du hättest gesagt,
Dass ich sagte, du hättest gesagt.

Wie bei jedem absurden Streit,
Der nichts bringt,
Vergeht sinnlos die Zeit
Und kommt nicht wieder.
Wenn Schwerter zu Pflugscharen werden müssen,
Warum machen wir die Worte nicht zu Küssen?

Blinde Hingabe

Ihre Hingabe macht sie blind,
Und ihr Hass ist tief.
Sie hält die Tasche wie ihr Kind,
Und was sie hält, ist explosiv.
Die Frau mit dem Schleier
Sieht sich als Befreier.

Sie ist ihrer Überzeugung Untertan;
Schwor ihrem Gott ewige Treue
In diesem Monat Ramadan,
Dass er sich ihres Opfers freue
Und er sie für ihre Tat belohne
Mit einem Platz neben des Propheten Throne.

Unauffällig geht sie, still und stumm,
Betritt den grossen Warteraum.
Sie weiss, ihre Zeit ist bald um,
Aber in Erfüllung geht ihr grosser Traum
Und sie kann es kaum erwarten,
Einzutreten in den edlen Garten.

Ein lauter Knall ertönt,
Rundherum die Erde dröhnt,
Und der Opfer gibt es viele.
War das eines ihrer Ziele?
Für ihre heldenhafte Tat
Ist sie jetzt ein Held in ihrem Staat.
Doch mit Menschen umzubringen,
Kann man Freiheit nicht erzwingen.

Gott ist kein Substantiv

Über Gott zu philosophieren,
Zu schreiben und auch zu singen
Oder ihm gar Opfer darzubringen,
Reicht bei Weitem nicht aus.
Besser ist, auf seinen Wegen wandeln
Und ehrenhaft zu handeln.

Gott ist kein Substantiv.
Er ist ein Verb, ein Wort der Tat
Und auch mehr als nur ein Kamerad;
Mehr als jedes Wort der Bibel
Und grösser als der grösste Dom
Oder gar der Vatikan in Rom.

Darum bitten wir dich, o Heiland,
Dass du nicht mehr hören magst
Und auch gar nichts dazu sagst.
Die grössten Sünder beten laut
Und das nicht im stillen Kämmerlein;
Predigen Wasser und trinken Wein.

Darum sieht man Christus nirgends lachen.
Die Verlogenheit ist ihm nicht entgangen,
Darum ist das Lachen ihm vergangen.
Er lud das Kreuz auf seine Schulter,
Und sich weit mit ihm entfernte,
Als er diese Heuchler kennenlernte.

Verfalldatum

Dass ich bin,
Ist die Frage von ein paar Zellen.
Es ginge zu weit,
Die Schuld den Eltern zu unterstellen.
Die Wissenschaft tut das auch
In einem Glas statt in Mutters Bauch.

Ich lernte gehen und dann lesen,
buchstabieren, schreiben, formulieren,
Auch subtrahieren und summieren
Und zuletzt sogar noch lieben.
Doch von alledem ist nichts geblieben.

Der Strichcode auf meinem Arm,
Ist nicht nur eine Zier;
Er endet mit acht, sieben, vier,
Und, das ist kein Mysterium,
Ist mein Verfalldatum.

Jeder noch so schöne Adventkalender
Schliesst ab seine Tage Ende Jahr.
Wie schön auch sein Inhalt immer war,
Es trifft ihn der finalen Stunde Schlag:
Wie ich hat auch er seinen letzten Tag.

Träume dein Leben

Träume dein Leben
Solange es ein Traum ist.
Sieh die Welt von oben an,
Denn irgendwann,
Wenn du erwachst,
Wird sie für dich vergehen,
Dann wirst du sie von unten sehen.

Nur ein kurzer Streich

Sag meiner Frau, ich komme gleich.
Ich geh nur rasch zu einem Bier.
Es dauert nur einen kurzen Streich
Und schon bin ich wieder hier.

Ich hab noch etwas Geld im Sack,
Darum gibt es noch ein Zweites,
Dann geht's auf im Zickezack.
Das Trottoir scheint mir heut ein breites.

Den Weg zurück find ich so nie,
Doch sie weiss, ich komme gleich.
Die Frage ist nicht wann, doch wie,
Nach diesem kurzen Streich.

Der Vollmond

Der volle Mond, der hat viel Macht.
Nicht nur bereitet er dir Kummer,
Wenn er raubt dir deinen Schlummer.
Er bewegt sogar der Meere Fluten.
Darum kann ich nur vermuten,
Du seist ein armer Tropf
Und hast nur Wasser in deinem Kopf.

Die Schattenseite des Mondes

Ich bin auf der Schattenseite des Mondes geboren,
Entfernt von Licht und Wärme.
Wenn du ein Lächeln hast,
Lache *du* für mich,
Ich kann es nicht.
Wenn du traurig bist,
Dann weine *ich* für dich,
Denn du darfst es nicht.
Von der Schattenseite des Mondes
Gibt es keinen Weg zurück.

Licht in der Finsternis

In die Finsternis
Kam das Licht,
Doch die Finsternis
Sah das Licht nicht.

Ein Ort

Ein Ort ist dort, wo du bist;
Von dort kommst du nicht zurück,
Weil du immer in ihm bist.
Ein Ort, von wo die zurückkehren, die nie gegangen sind,
Und die, die gegangen sind, nie zurückkehren.
Ein Ort wie jeder andere
Und es keinen anderen gibt.
Ein Ort, wo die, die sind, nie waren
Und die, die nicht sind, immer waren.
Ein Ort, wo die Wahrheit nicht wahr ist;
Weil die Lüge der Wahrheit entspricht
Und die Lüge eine Wahrheit ist.
Ein Ort, wo der, der frei ist, eingeschlossen ist.
Keine Mauern, keine Grenzen, denen du entfliehen kannst.
Ein Ort, wo das Licht immer finster ist
Und die Finsternis dich blendet.
Ein Ort, wo du bist, was du nicht bist,
Weil du nicht bist, was du bist.
Ein Ort, an dem dir fehlt, was du immer hattest,
Weil du hast, was dir immer fehlte.
Ein Ort, wo mehr Schlechtes herrscht statt Gutes,
Weil das Gute schlecht ist
Und das Schlechte immer gut ist.
Ein Ort, wo alle niemand sind,
Nicht weniger als niemand, jeder ist,
Und weil keiner ist wie der andere,
Sind alle gleich.

Personas mueren I

Hay personas que mueren, y otras que viven.
Una persona muere, mientras otra sigue viviendo.
Para unas cada mañana se levante el sol,
Y es el fin de la noche.
Y para los otros la noche no acaba;
Solo hace día, pero el sol no está.
La noche sigue con su oscuridad,
La oscuridad, la más profunda.
Y si hace día, pero falta el sol.
Aunque se levantó, no viven.
Para ellos sigue la noche
Con su oscuridad que nunca acabará.

Leben ohne sein

Es war Leben in diesem Herz,
Vielleicht nicht gut, aber auch nicht schlecht;
Es fühlte Liebe, es fühlte Schmerz.
Was es empfand, war immer echt.

Um ihn herum ging ein lieblich Band.
Es gehörte einer Kreatur
Und diese eine Liebe nur
Es mit ihm verband.

Doch auch sein schönstes Kleid,
In dem noch riecht der geliebte Duft,
Der einst hing in freier Luft,
Besteht nur noch aus Leid.

Sprüht aus ihm noch diese Kraft,
Die ihm gegeben, um zu lieben
Und die Leiden zu besiegen,
Oder ist es nur noch Pein –
Nur noch Leben ohne sein?

Más personas mueren

Hay personas que mueren
Y una otra que vive.
Una persona muere,
Mientras la otra sigue.

Para unas
Cada mañana se levanta el sol
Y es el fin de la noche.
El día nace así,
Pero la noche no acaba
Para los que no están.

Hace día, pero el sol no está.
La noche sigue
Con su oscuridad.

Oscuridad la más profunda.
Para los muertos
La oscuridad nunca acabará.

Vorwärts schauen

Vorwärtsschauen, vorwärtsgehen
Und nicht nach hinten sehen.
Das ist ein Grund, um nicht zu sterben,
Ein Motiv, um zu überleben.
Immer gehen heisst auch die Flucht.
Doch auch die Flucht
Breitet sich aus wie eine Sucht.
Hinter sich lassend, was uns bedrängt;
Fliehen aus dem Kreis, der uns beengt.
Fliehen – sich nicht dem Kampfe stellen.
Kann man dies auch Feigheit nennen?
Ich weiss es nicht.

Ich weiss nicht,
Ob fliehen oder vorwärtsgehen
Nichts andres ist, als im Kreis sich drehen?
Ist es für den Starken – wie für den Schwachen –
Der Weg zum selben Ziel?
Der eine kämpft, der andere flieht
Aus Dunkelheit heraus, bis ein Licht er sieht.
Ein Licht, das erhellt und Ruhe bringt;
Ein Licht, das tief ins Herze dringt.

Lange Nächte

Sein und nicht wissen
Und die Angst, nur gewesen zu sein,
Ohne jemals gewesen zu sein.
Das Sein war alles nur Schein.

Nicht wissen, von wo wir kommen,
Nicht wissen, wohin wir gehen
Und wo wir morgen stehen.

Ohne Zweifel fand ich die Nächte
Meiner Mühsal lang.
Sie waren eine Folter, sie waren lang.
Doch du versprachst mir nie
Nur gute Nächte.
Ich wusste gut,
Es gibt auch schlechte.

Me seguirá

Un día de aquí me voy
Y no puede cambiar quien soy.
Cambiar la forma de mi vida,
Verla de otro punto de vista.
Yo quedo, y soy quien soy.

Quizás nos encontraremos un día:
Eventual cruzas mi vía
En cualquier lugar extraño,
A cualquier hora desconocido.
Pero me quedé en mi vía.

Nunca cambiará la gente.
Puede que cambia su mente.
Me quedaré el mismo.
Me seguirá una vida
Y no se va de mi mente.

Armut ohne Schuld

Nicht der viel hat, ist reich;
Der glaubt sich nur beliebt.
Wer fähig ist, von sich zu geben
Und es auch von Herzen gibt,
Dem gehört das wahre Leben,
Der ist wirklich reich
Und kommt Gottes Wille gleich.

Reich wird der im Himmel sein,
Der Armut trägt mit viel Geduld.
Der wahre Reichtum
Ist Armut ohne Schuld.

Ein wahrer Freund

Sonnen gehen auf und nieder,
Wolken ziehen auf und gehen wieder.
Worte können kränken und versöhnen;
Kommt darauf an, wie sie tönen.
Wir fallen und stehen wieder auf
Und folgen dem gewohnten Lauf.
Wir ertragen alle Schmerzen
Und können doch gleich wieder scherzen.
Doch wahres Licht in unsre dunklen Stunden
Bringt erst, wenn wir den einen Freund gefunden.
Ein Freund, der treu uns steht zur Seite
Und mit uns nach vorne schreite
In guten und in schlechten Zeiten,
Uns hilft Hürden überschreiten,
Uns Mut gibt und Vertrauen:
Ein Fels, um auf ihm zu bauen.
Wird in allen unsren Leiden
Da sein und nicht von uns scheiden.
Der Freund, der uns beschütze,
Sei uns ewig eine Stütze.

Ohne Stern von Bethlehem

Der Stern Bethlehem erscheinet nicht:
Weihnachten ohne dich.
Es bleibt nichts vom Glück,
Doch einmal, da komme ich zurück.

Das Zimmer ist leer.
Nichts ist, was war vorher.

Es ist Nacht, kalt ist es auch.
Diese Nacht, so ist es Brauch,
Dass vom Himmel niedersteigt
Und sich zu uns Menschen neigt
Das Christkind, das uns jedes Jahr,
Auf seine Weise wunderbar,
Alt und Jung erfreut,
Ihnen Kummer und Sorg' zerstreut.

Doch das Zimmer, das bleibt leer.
Die Nacht ist klar, die Luft ist schwer.
Das Zimmer erscheint wie eine Zelle:
Verlassen, leer und ohne Helle.
Weihnachten, diesmal ohne dich,
Weil die Freiheit von mir wich.
Es bleibt nichts von vergang'nem Glück.
Doch einmal, da komme ich zurück.
Aber heut noch ist der Himmel ohne Licht
Und der Stern von Bethlehem, der erscheint auch nicht.

Der Autor

Hansj Rohrbach wuchs bei Adoptiveltern in der Schweiz auf und besuchte die Schule in Thun, bis er sich schließlich 20 Jahre dem Zugbegleitungsdienst widmete. Bereits damals verschrieb sich der Autor dem Amateurboxen und wurde in dieser Sportart Schweizer Meister. 2004 entschied sich Hansj Rohrbach, seinen Lebensmittelpunkt gemeinsam mit seiner Lebensgefährtin nach Carballo in Spanien zu verlegen und dort neben seinem Zweitberuf Masseur – die entsprechende Ausbildung hatte er 2000 absolviert – auch als Boxtrainer und Yogainstruktor tätig zu sein. 2019 ereilte ihn jedoch eine Rückenmarksverletzung, die ihn zur Aufgabe dessen zwang. Seither widmet er sich mit seiner Lebenspartnerin den Haustieren und seiner zweiten Leidenschaft neben dem Malen: dem Schreiben.

novum VERLAG FÜR NEUAUTOREN

Der Verlag

*Wer aufhört
besser zu werden,
hat aufgehört
gut zu sein!*

Basierend auf diesem Motto ist es dem novum Verlag
ein Anliegen, neue Manuskripte aufzuspüren, zu ver-
öffentlichen und deren Autoren langfristig zu fördern.
Mittlerweile gilt der 1997 gegründete und mehrfach
prämierte Verlag als Spezialist für Neuautoren in
Deutschland, Österreich und der Schweiz.

**Für jedes neue Manuskript wird innerhalb we-
niger Wochen eine kostenfreie, unverbindliche
Lektorats-Prüfung erstellt.**

Weitere Informationen zum Verlag und
seinen Büchern finden Sie im Internet unter:

www.novumverlag.com

novum ▲ VERLAG FÜR NEUAUTOREN

Bewerten
Sie dieses Buch
auf unserer
Homepage!

w w w . n o v u m v e r l a g . c o m